THANK YOU!

First and foremost I would like to thank you for taking the first step to manage the stresses in your life by purchasing this coloring book. I truly hope it helps you focus on the beauty of each day, by applying colors in your life on a daily basis.

OBRIGADO!

Em primeiro lugar, gostaria de lhe agradecer por dar o primeiro passo para administrar as tensões em sua vida adquirindo este livro para colorir. Eu realmente espero que esse livro ajude vocês a se concentrar na beleza de cada dia, aplicando cores em sua vida diariamente.

BEDANKT!

Eerst en vooral wil ik u bedanken voor het nemen van de eerste stap om de stress in uw leven te beheersen door dit kleurboek te kopen. Ik hoop echt dat het je helpt je te concentreren op de schoonheid van elke dag, door dagelijks kleuren toe te passen in je leven.

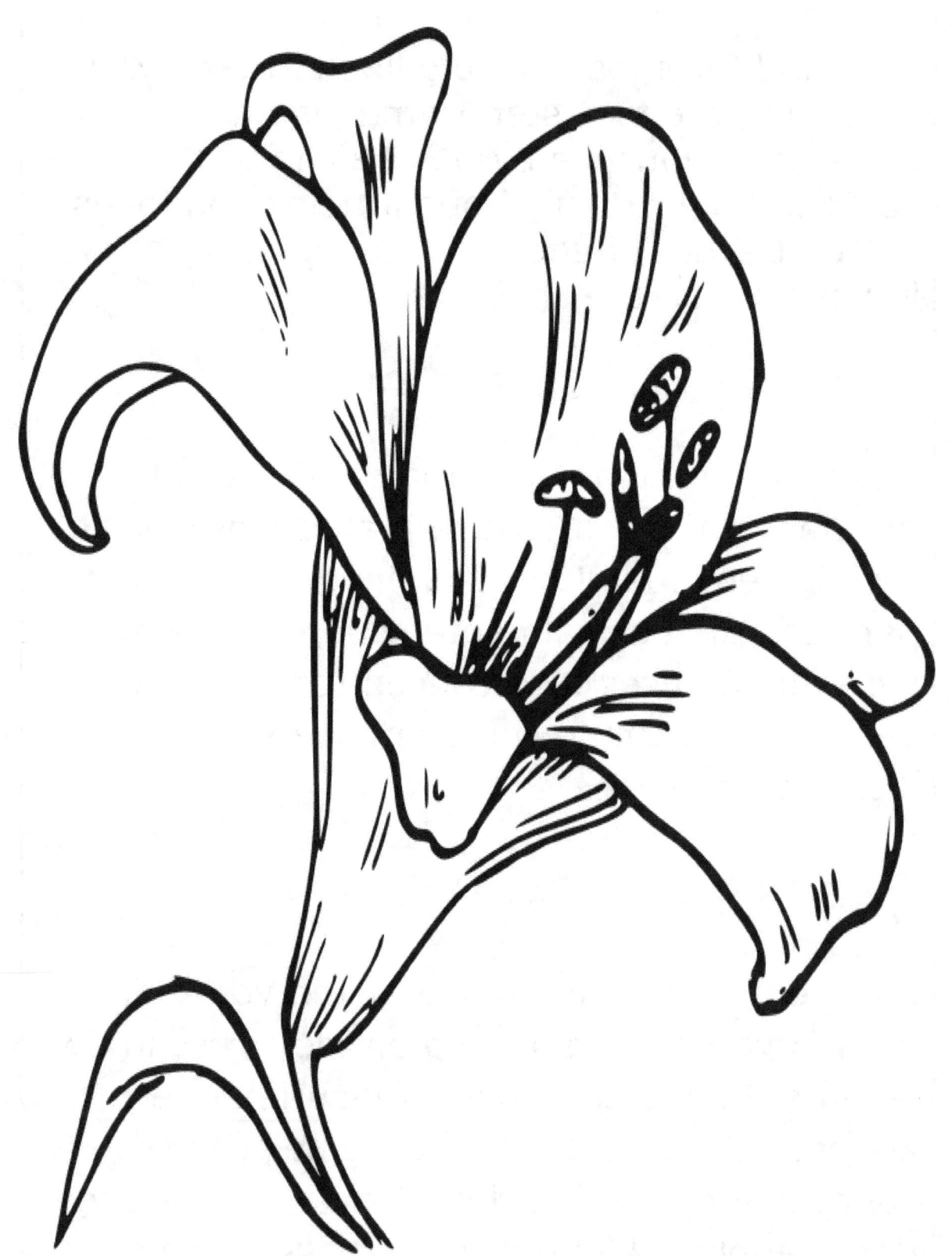

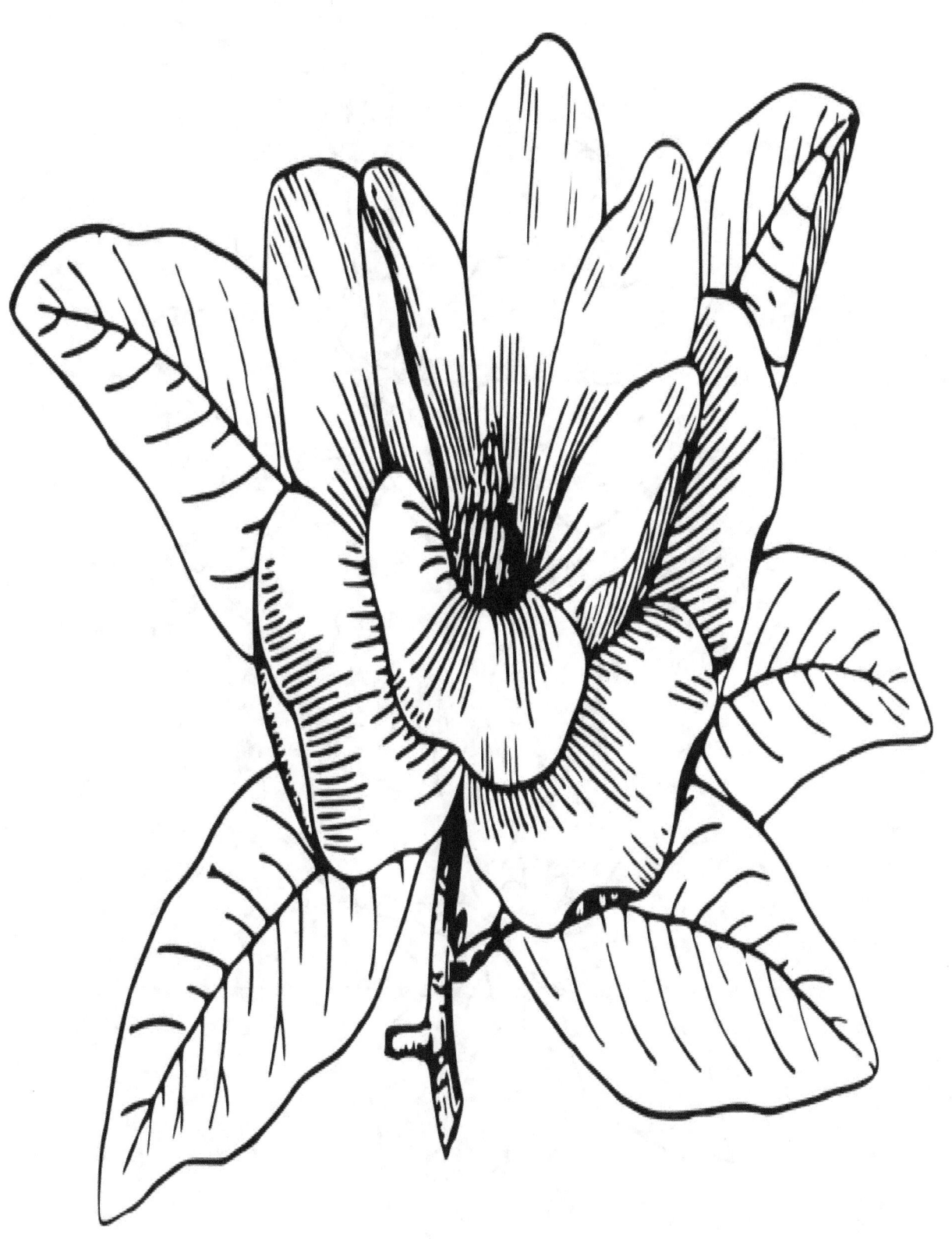

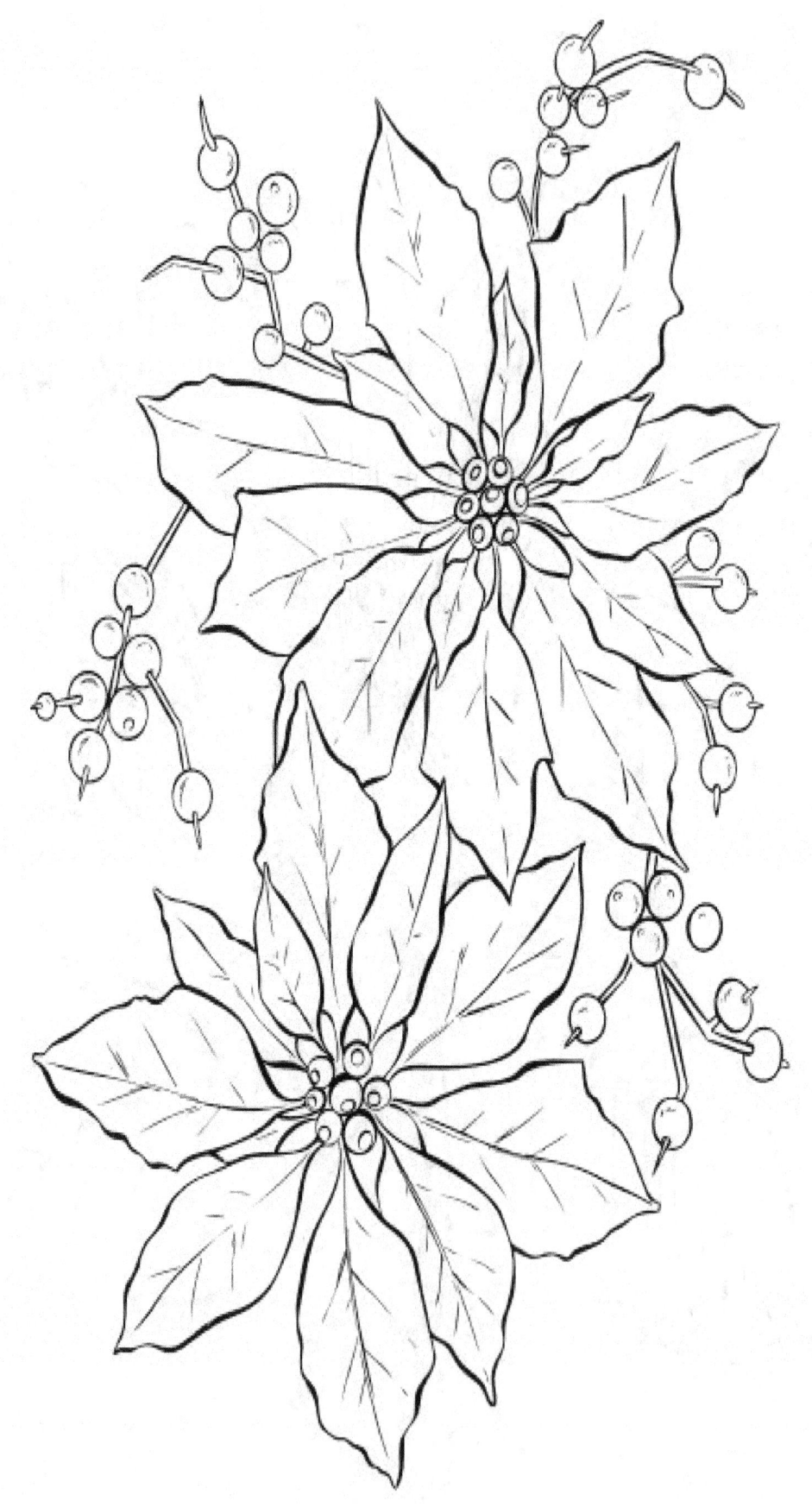

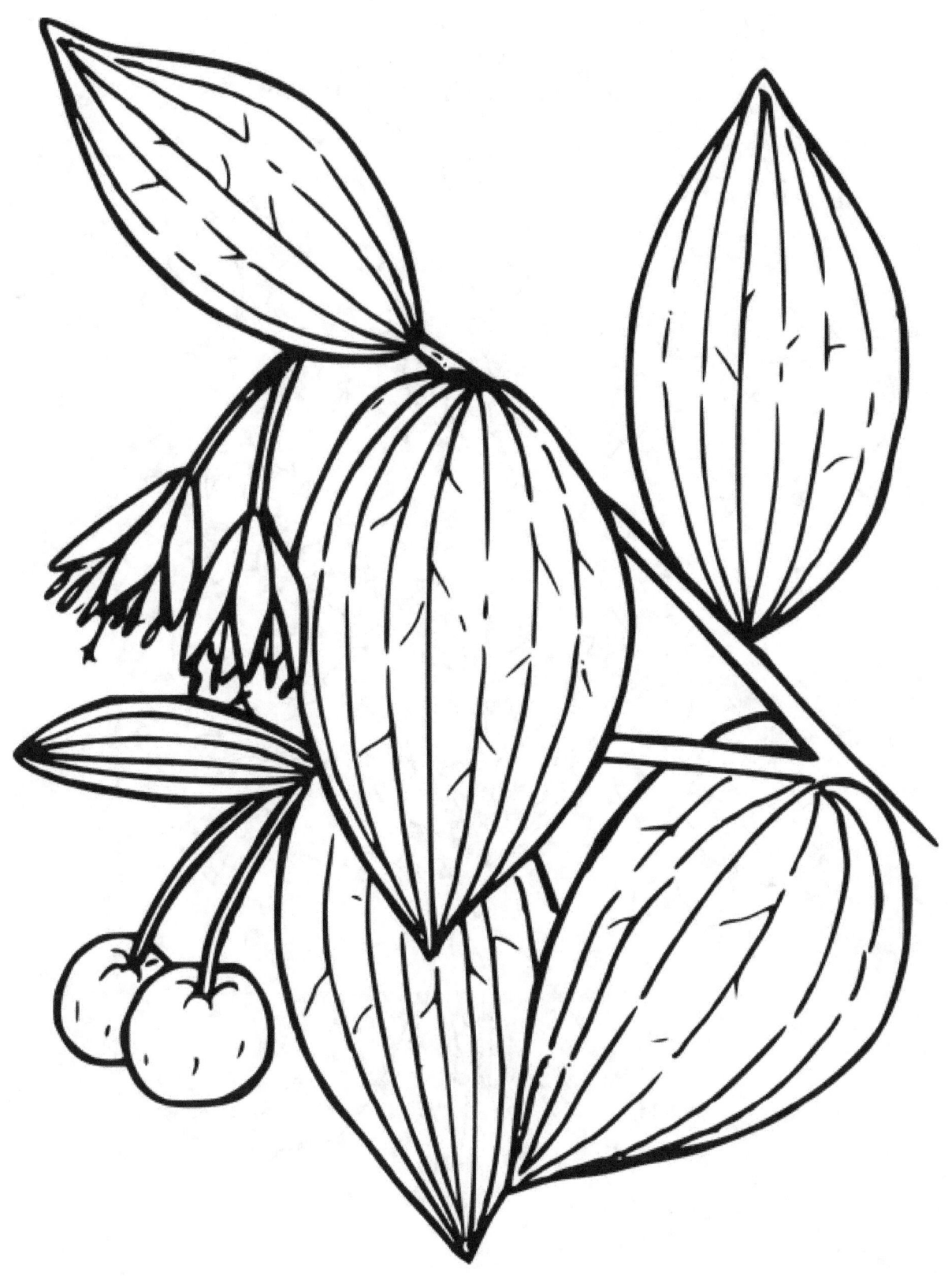

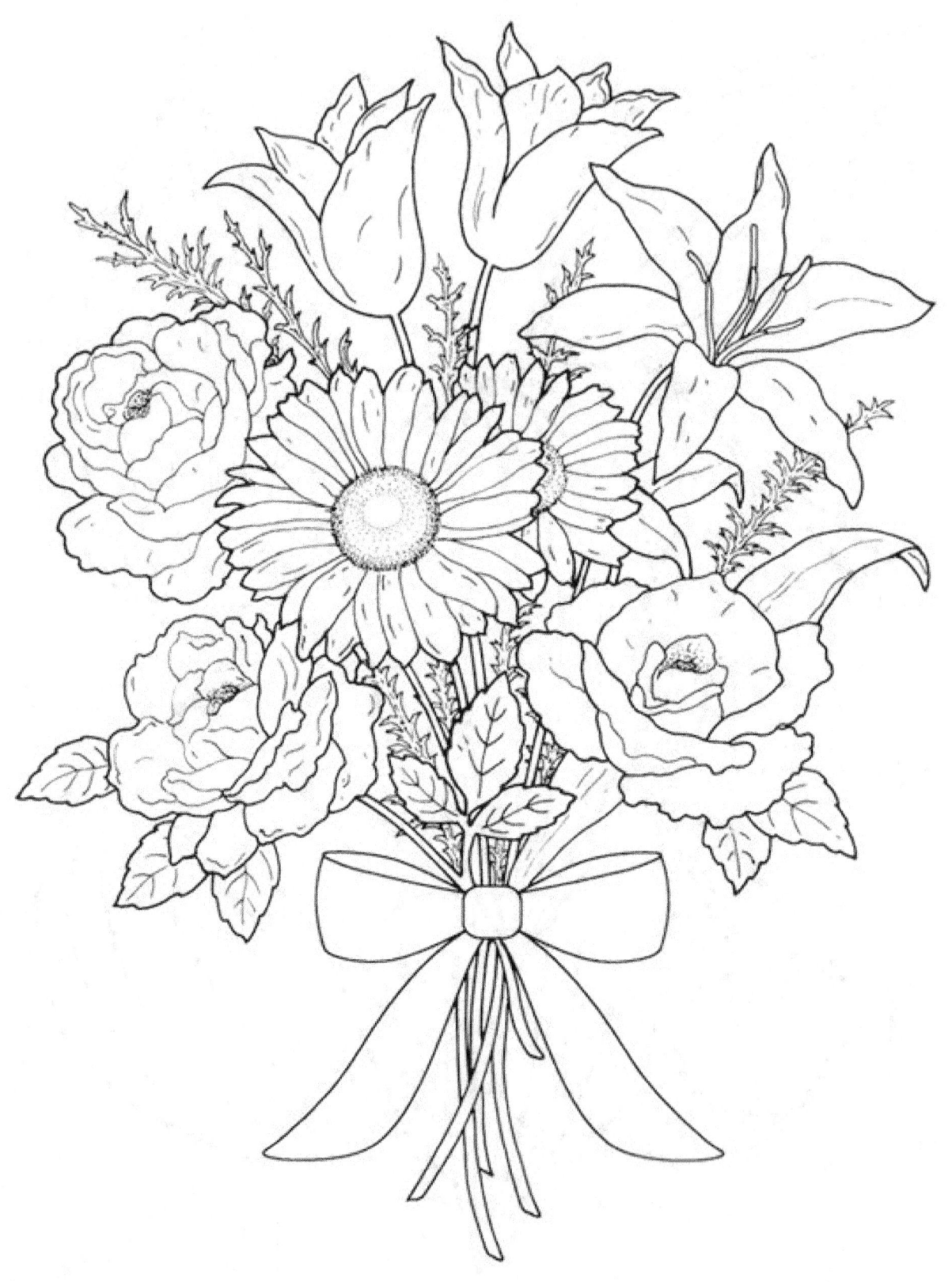

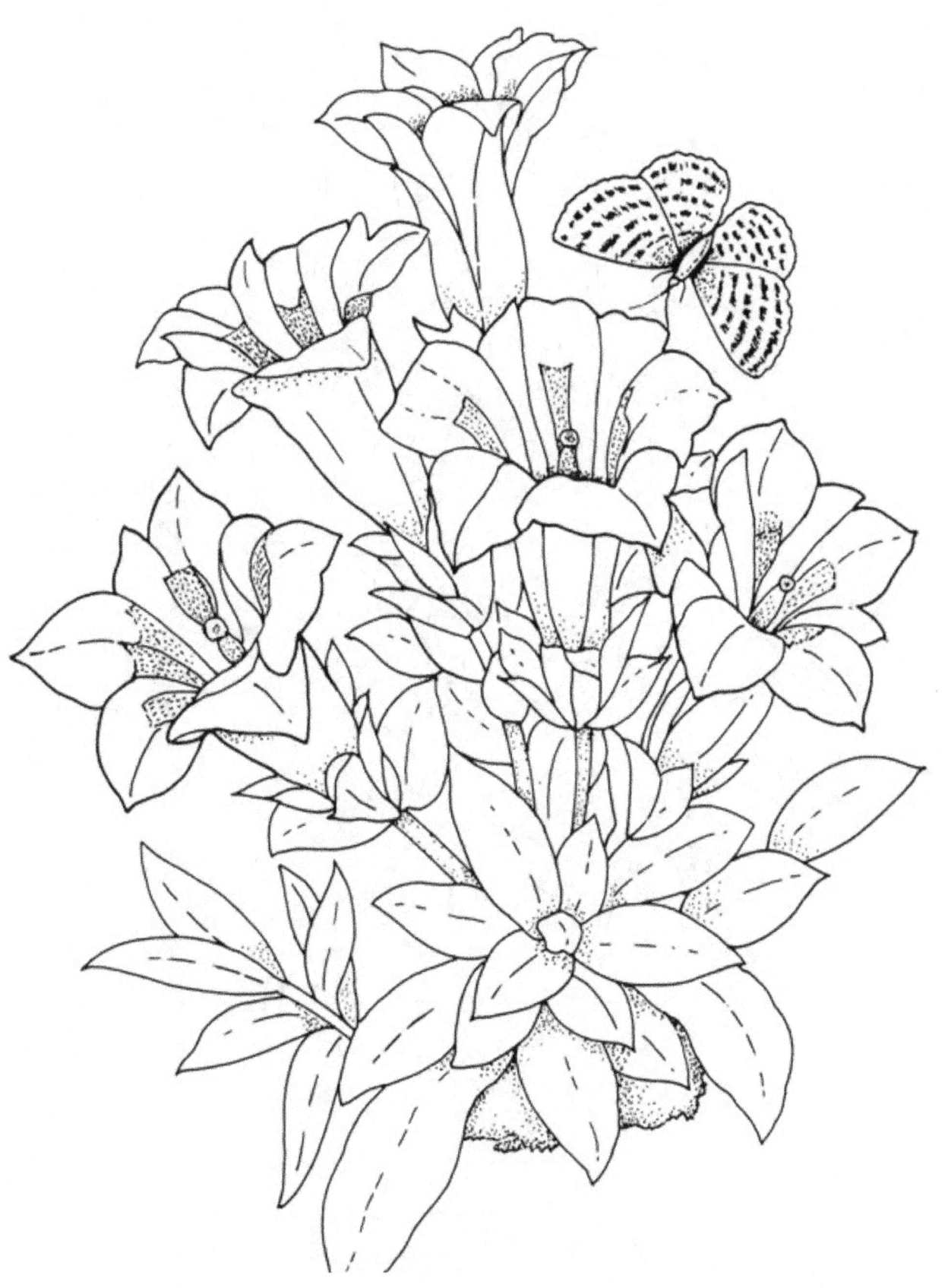

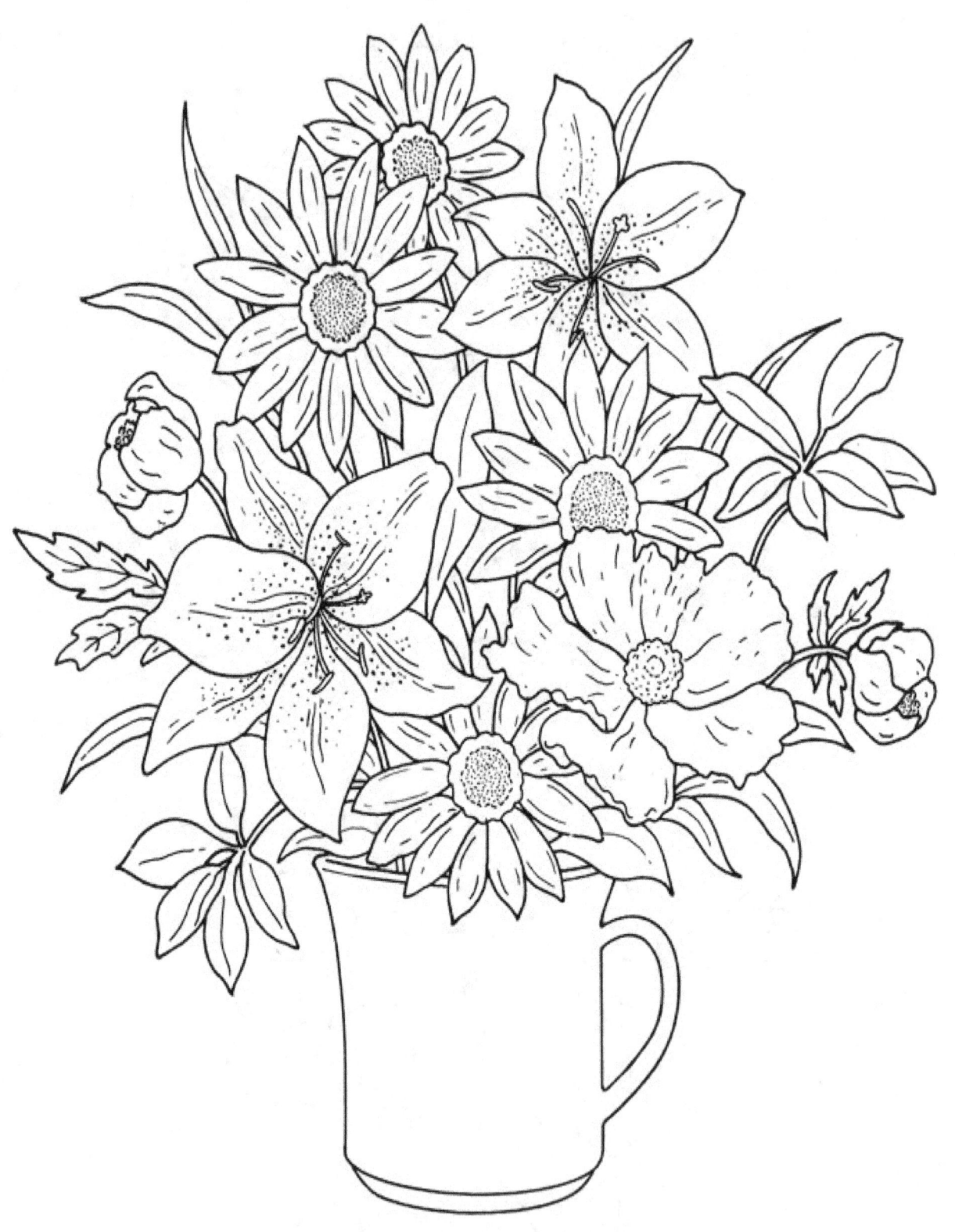

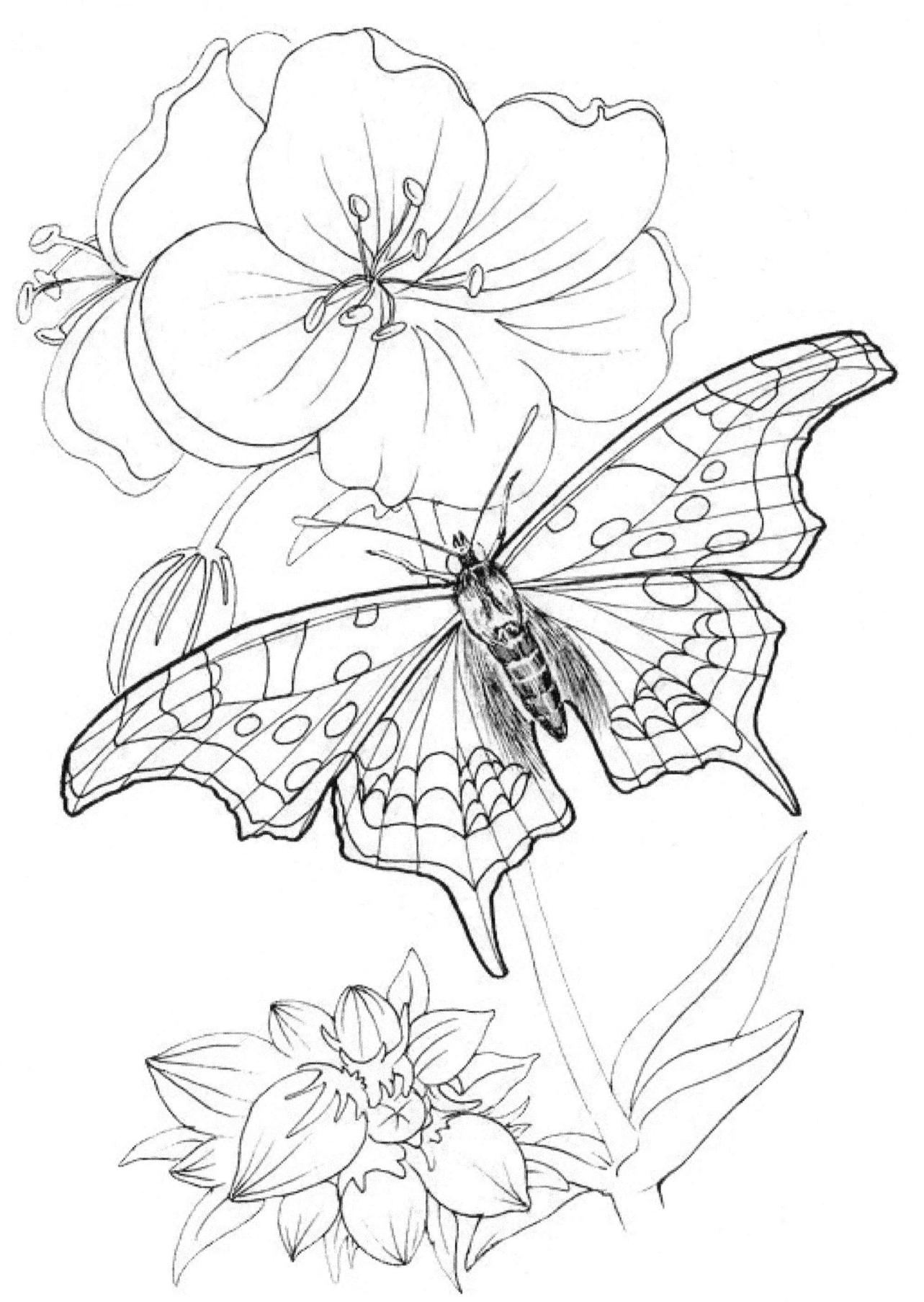

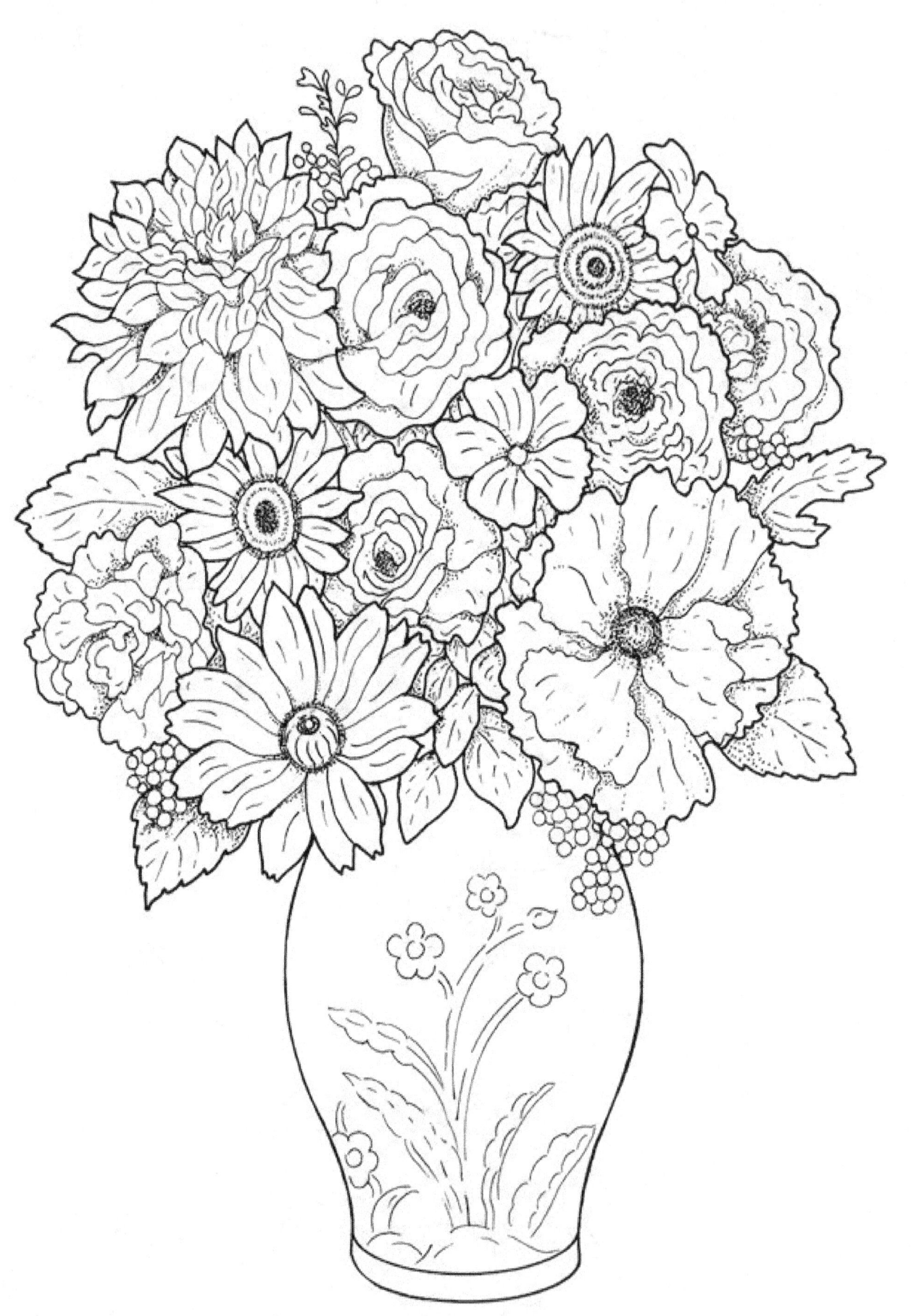

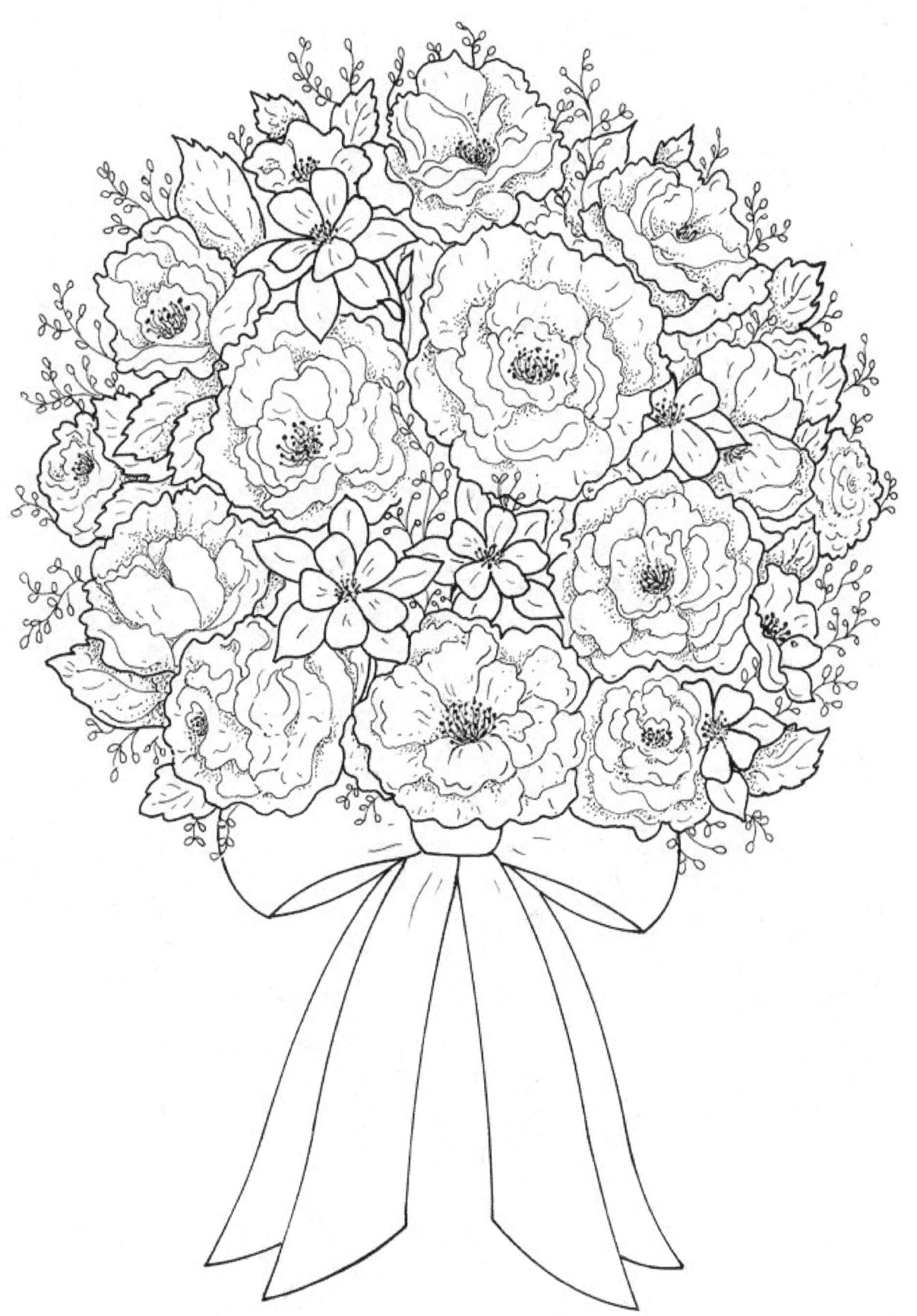

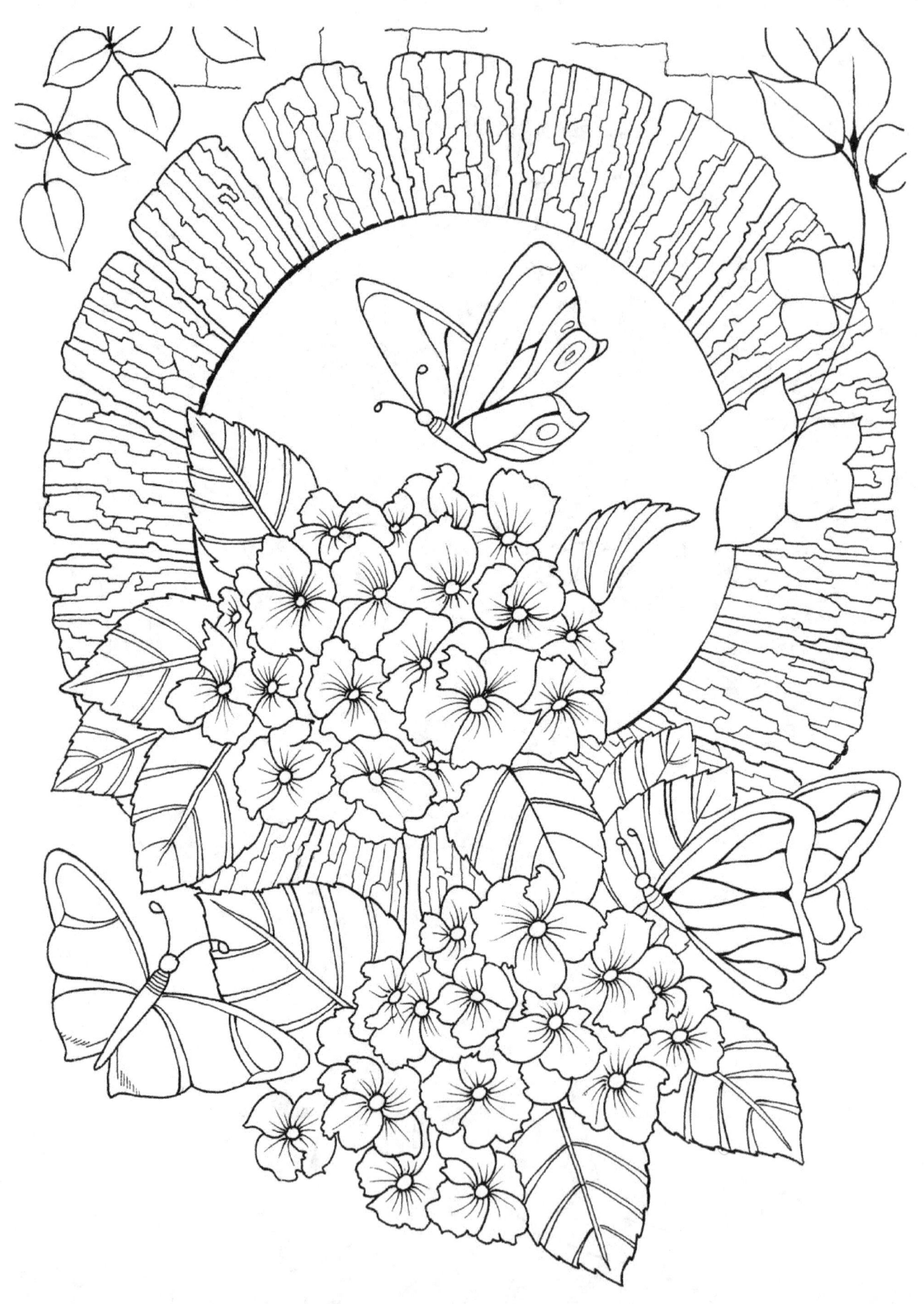

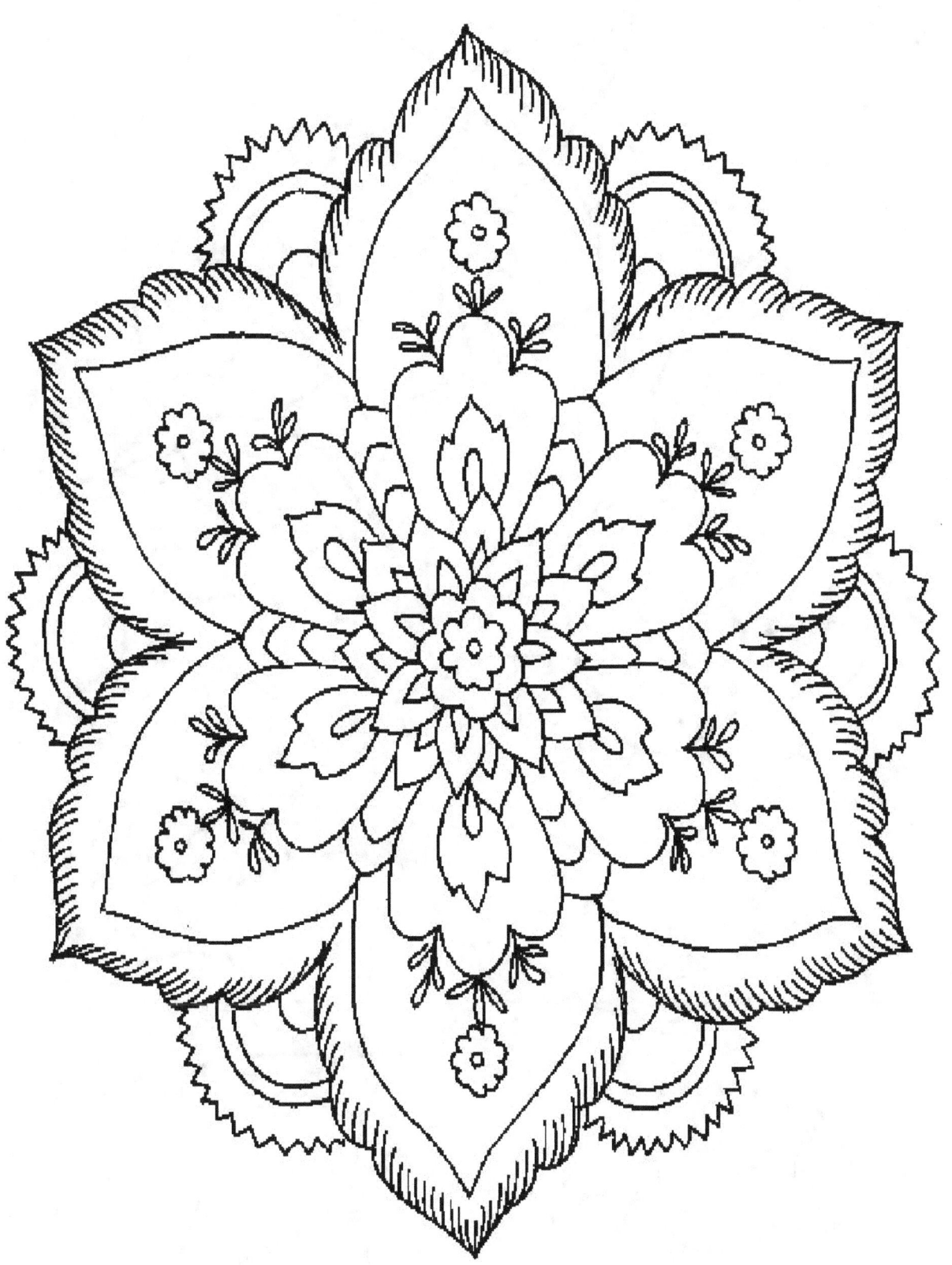

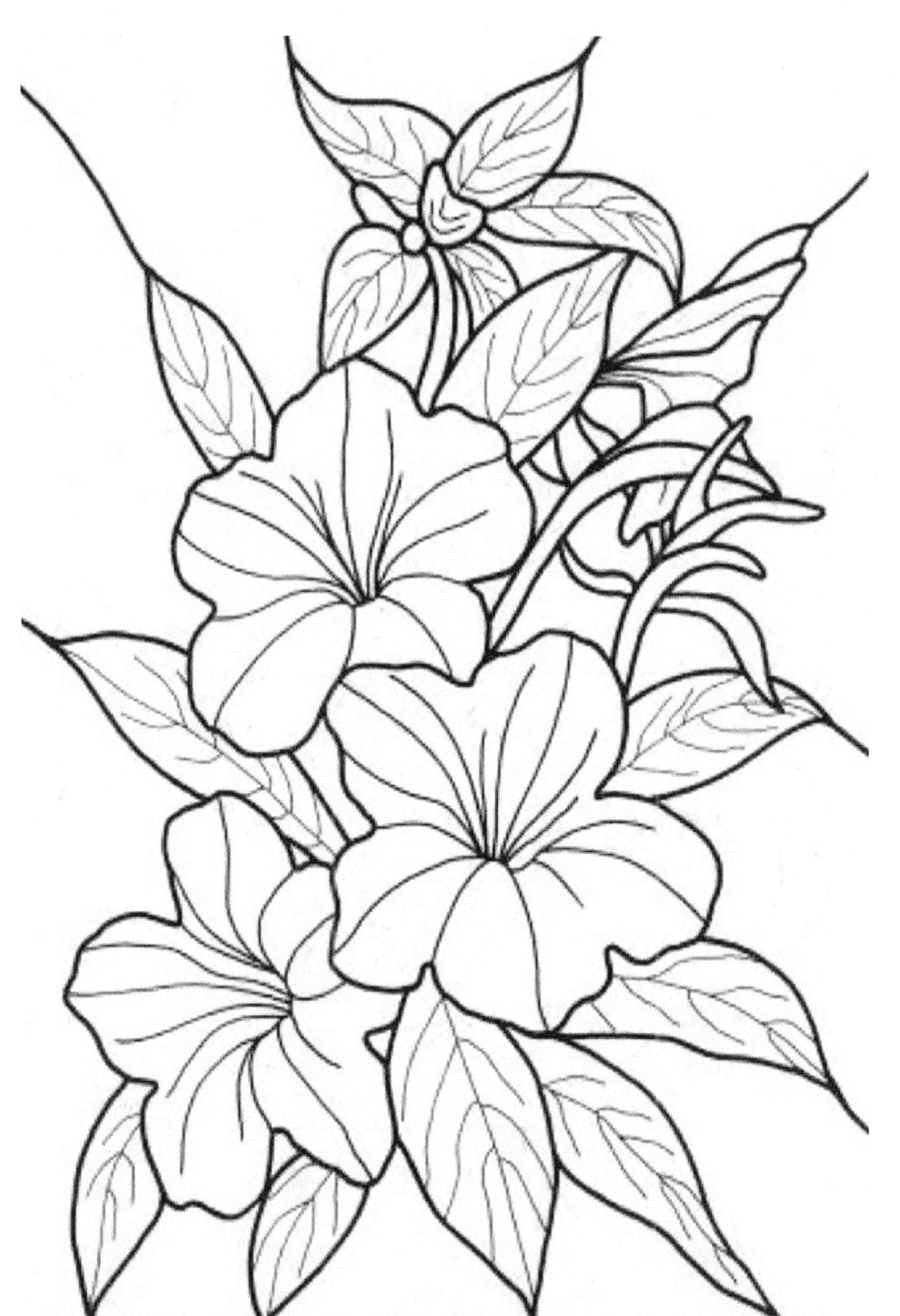

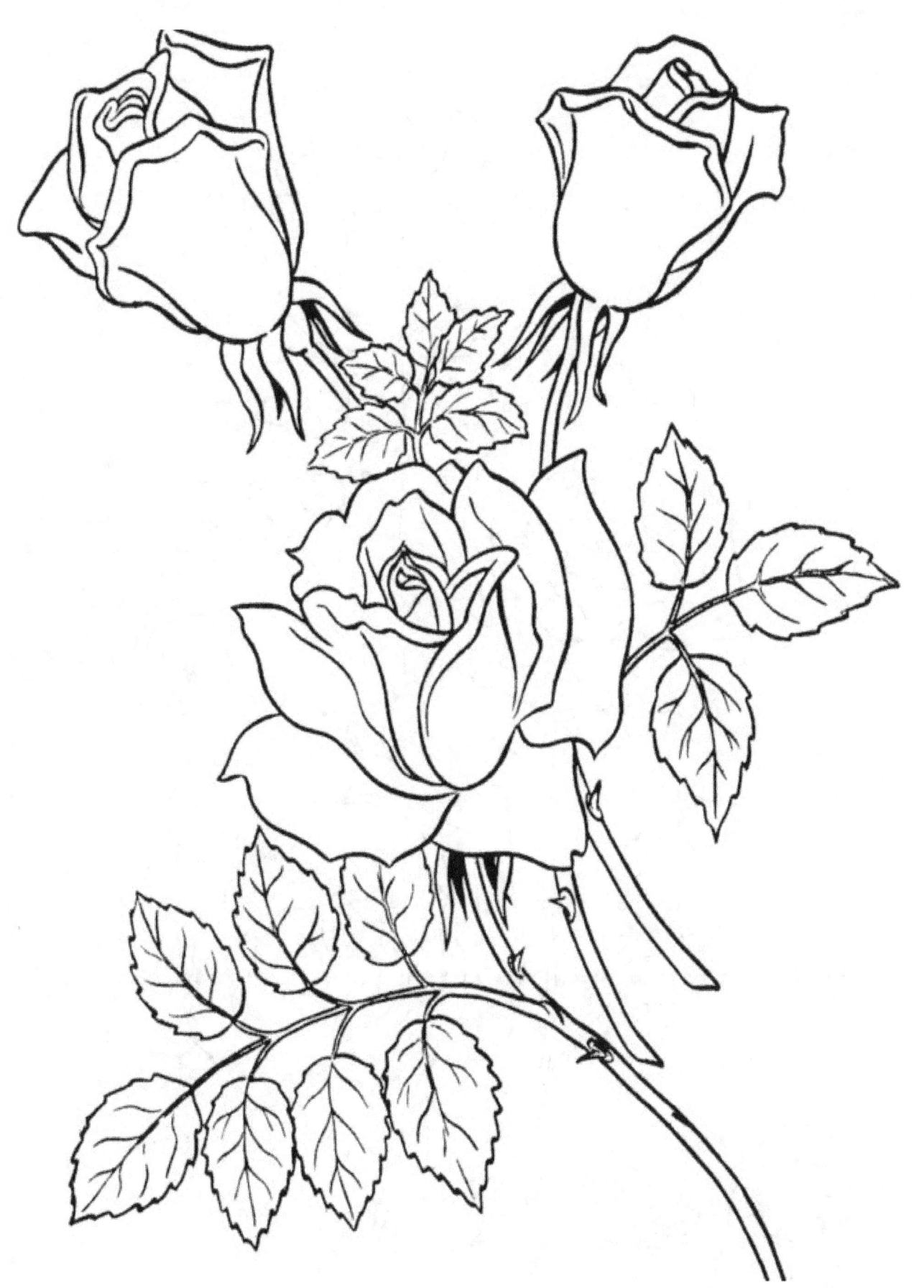

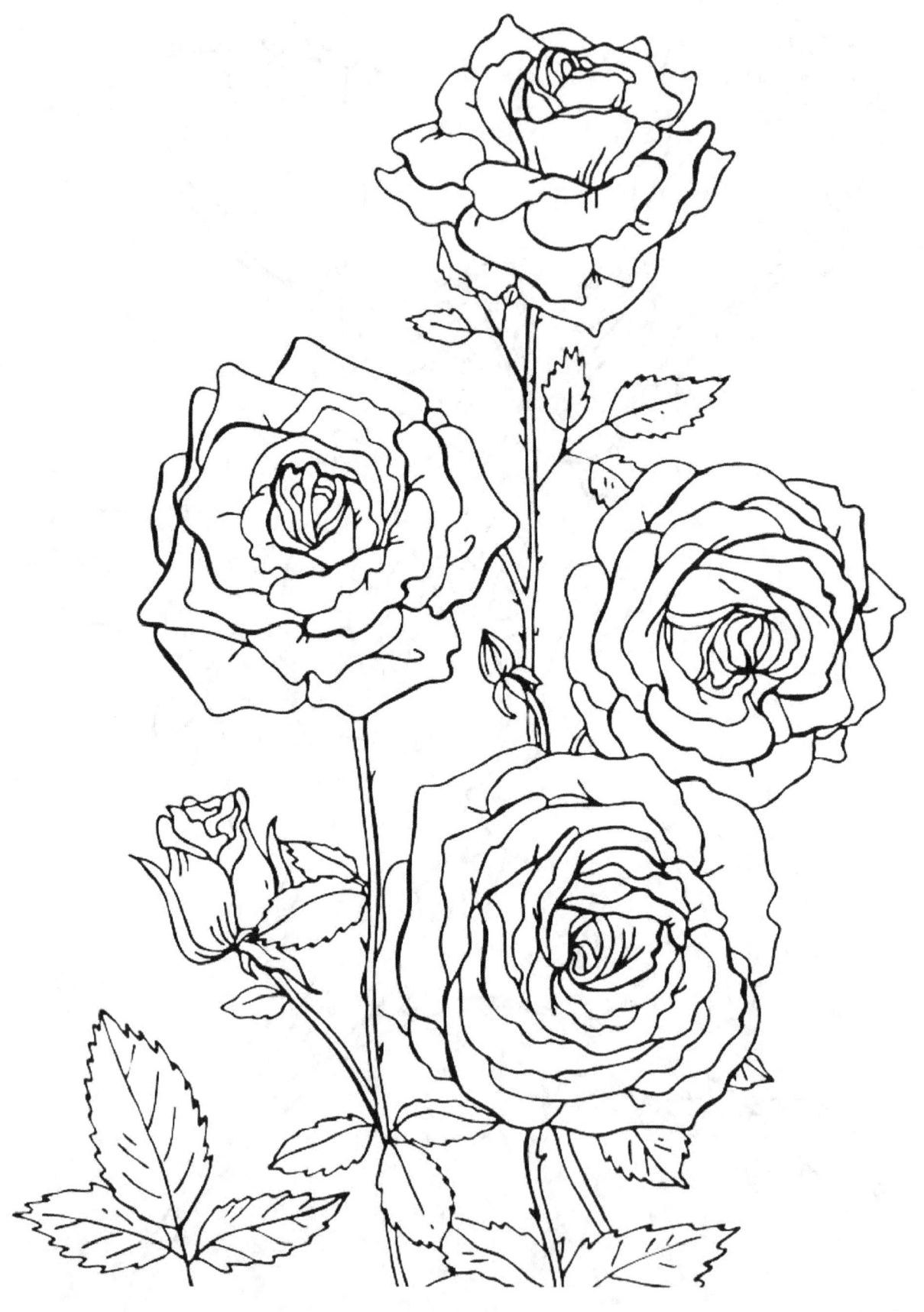

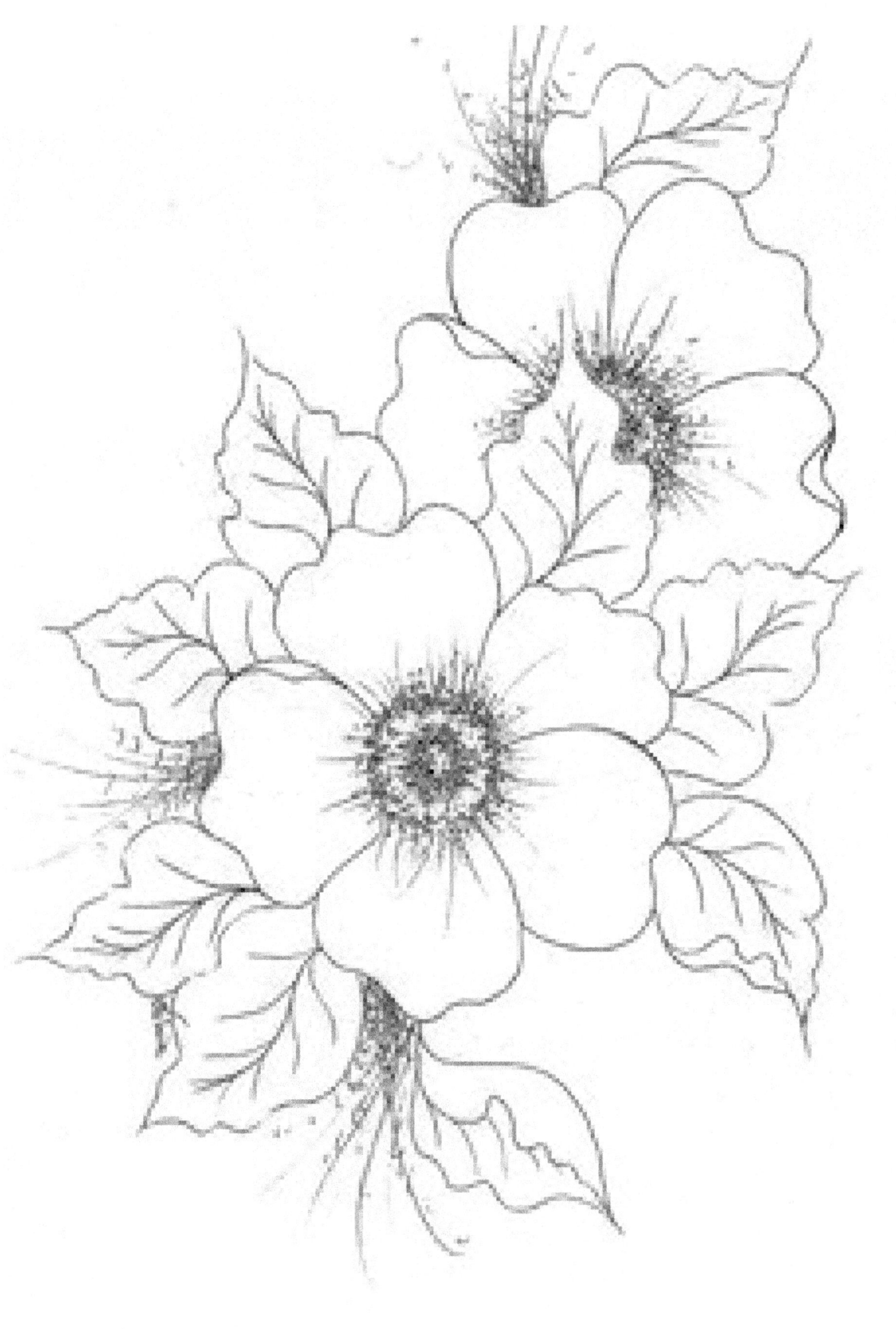

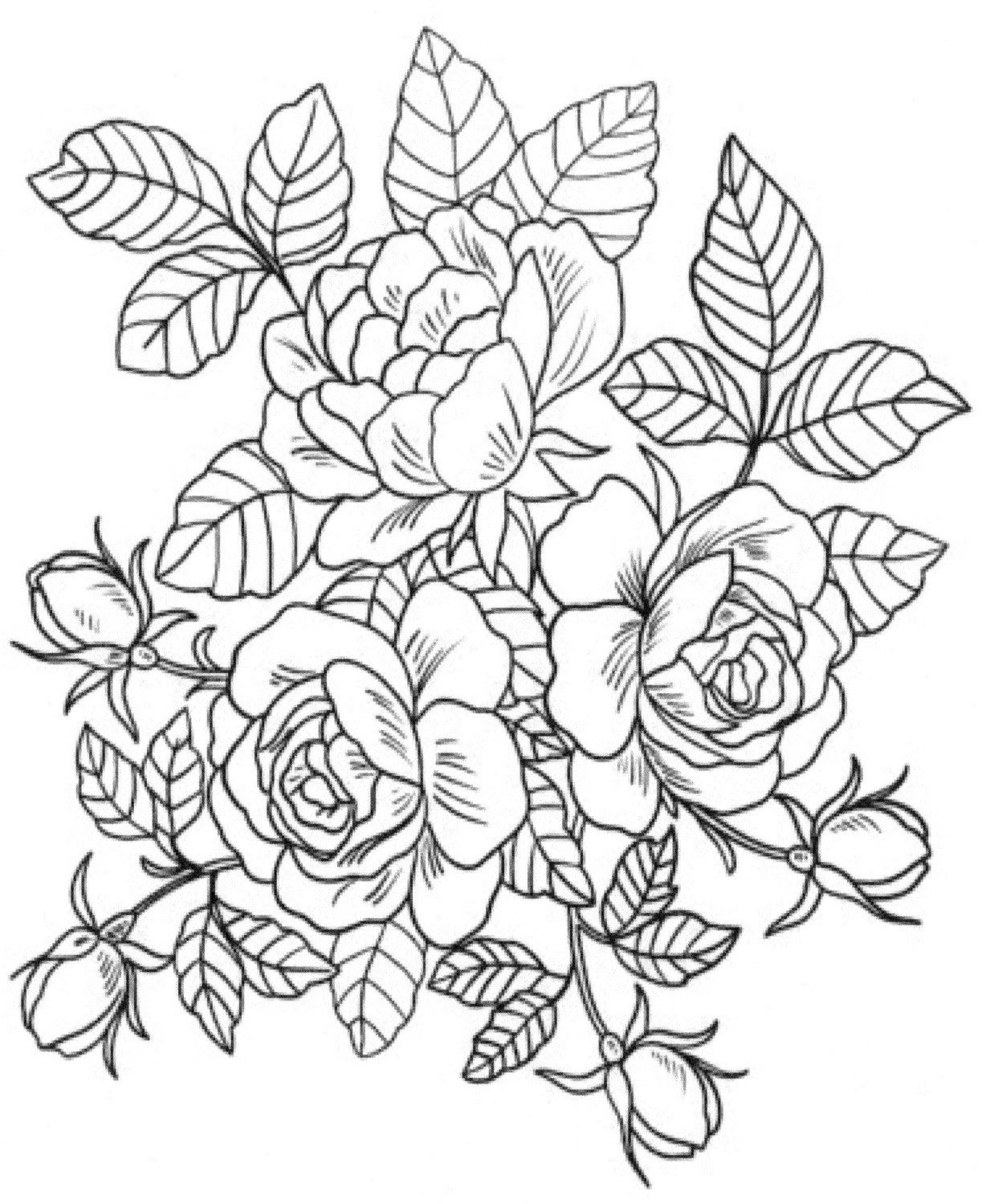

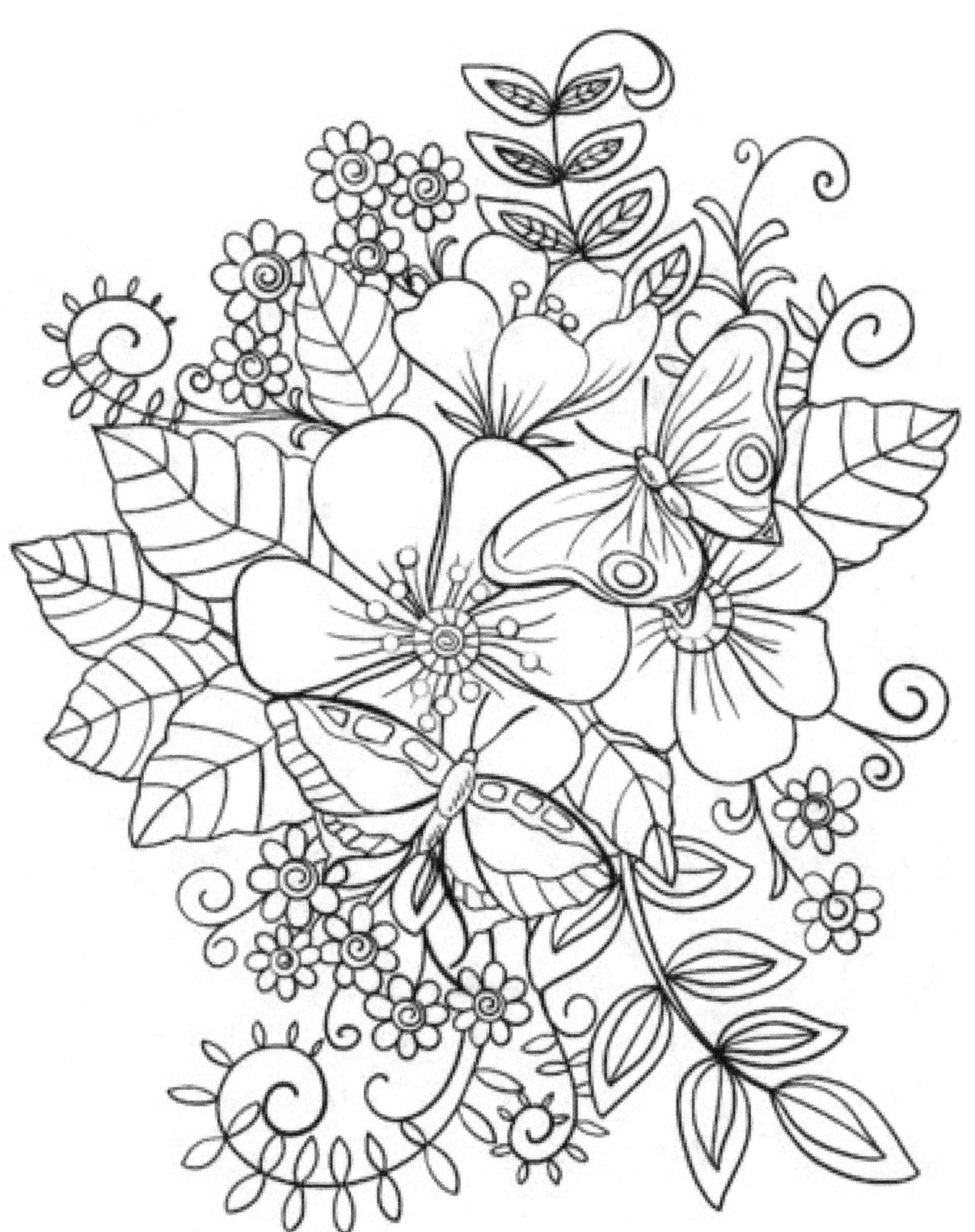

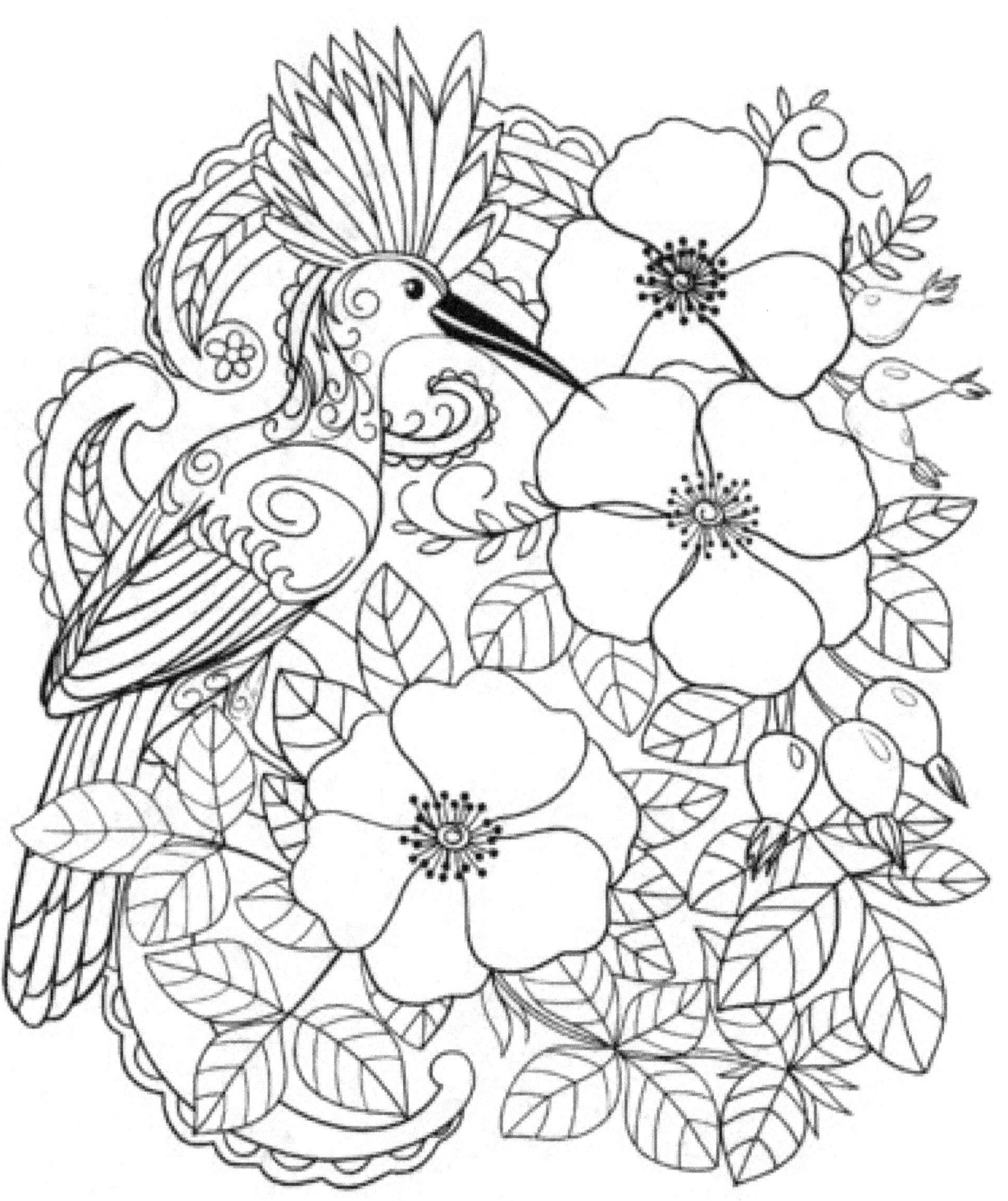

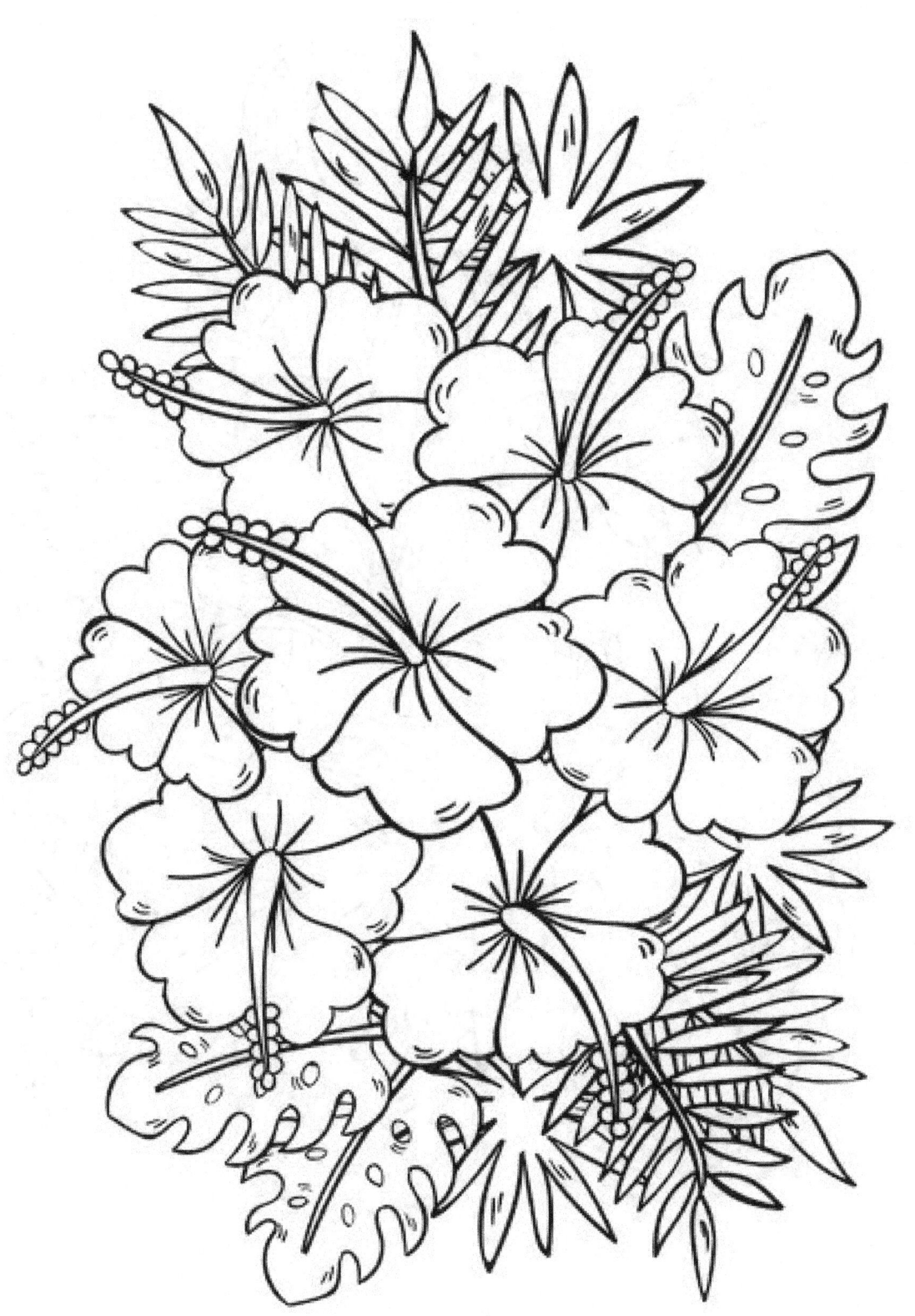

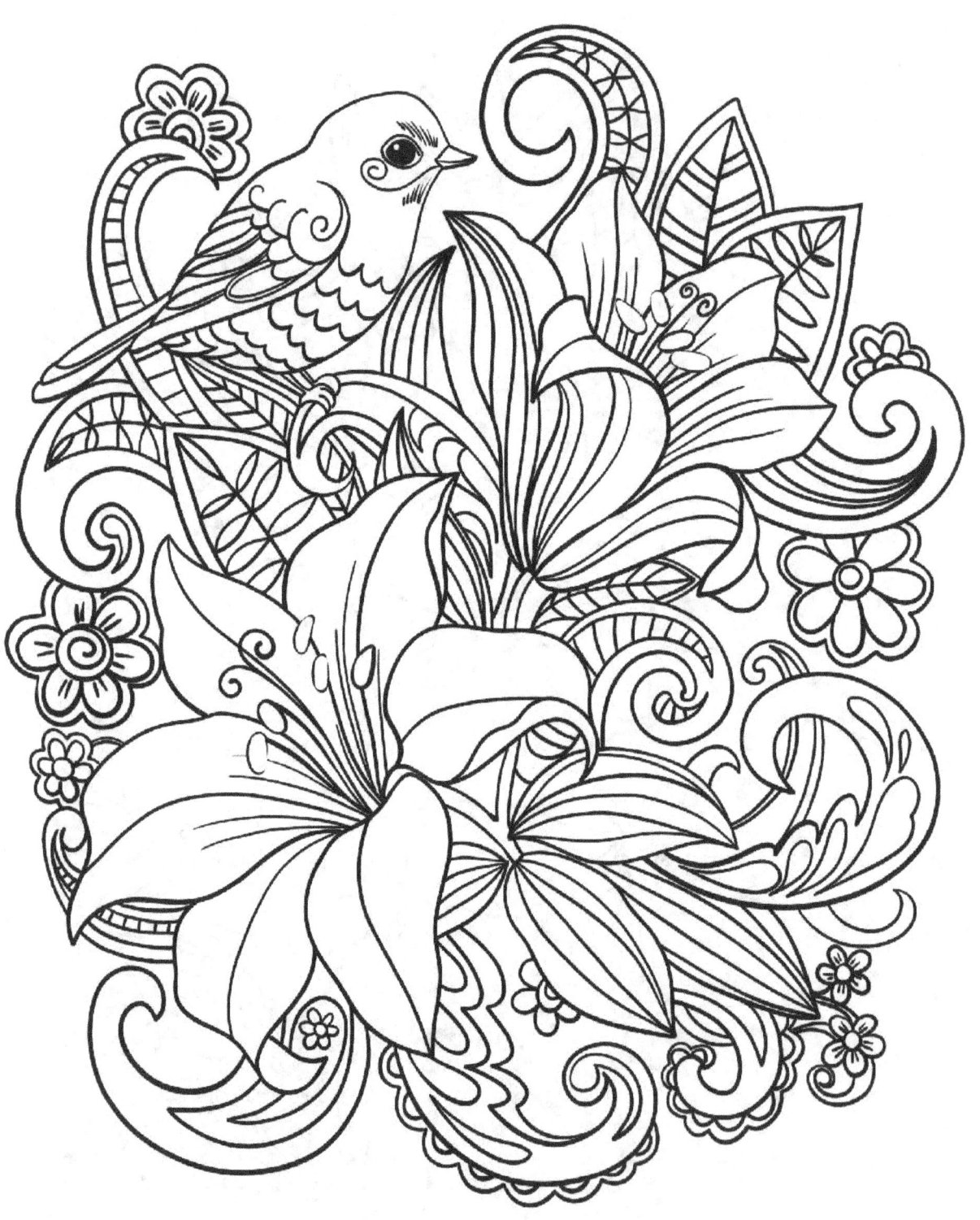

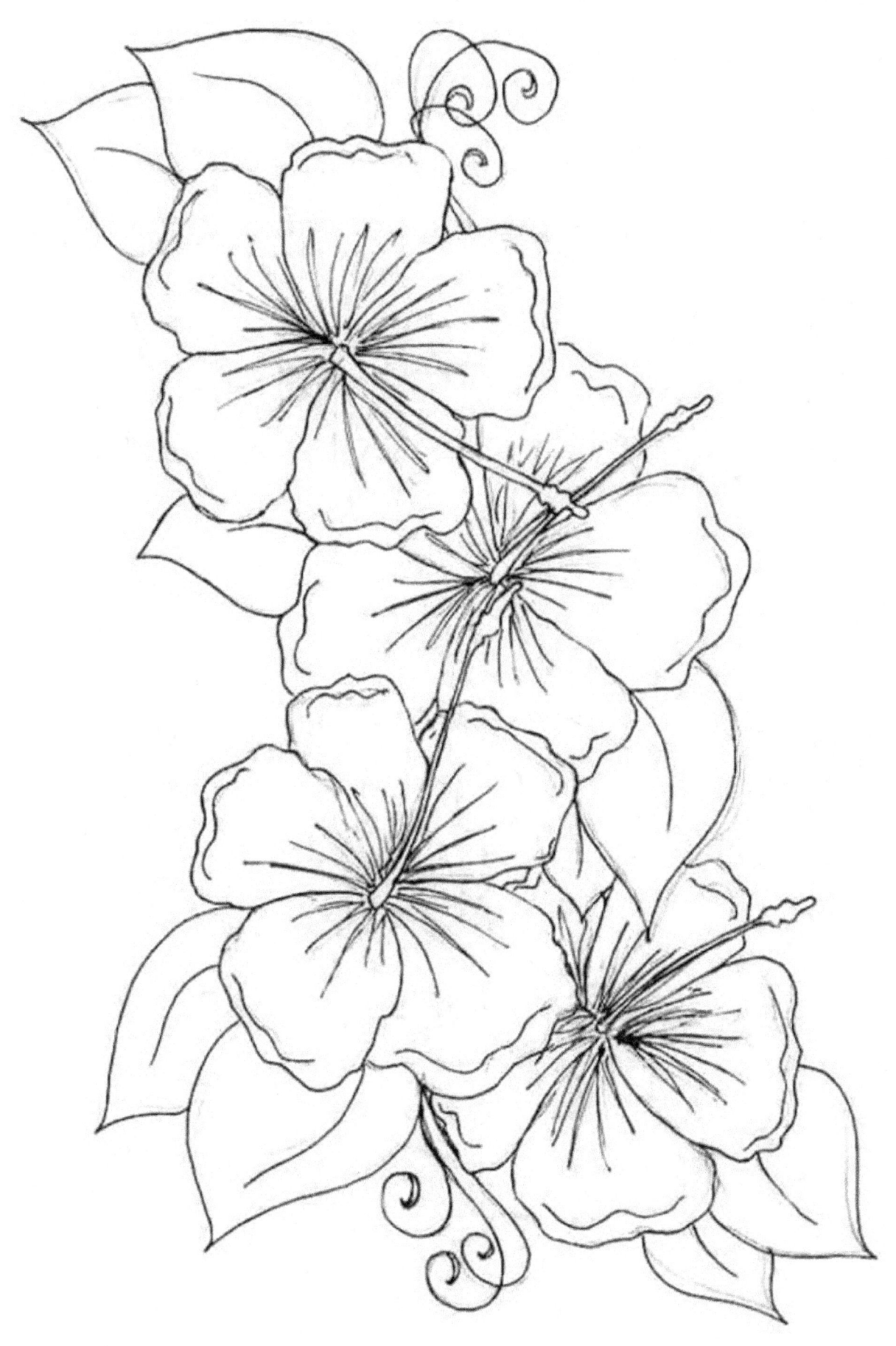

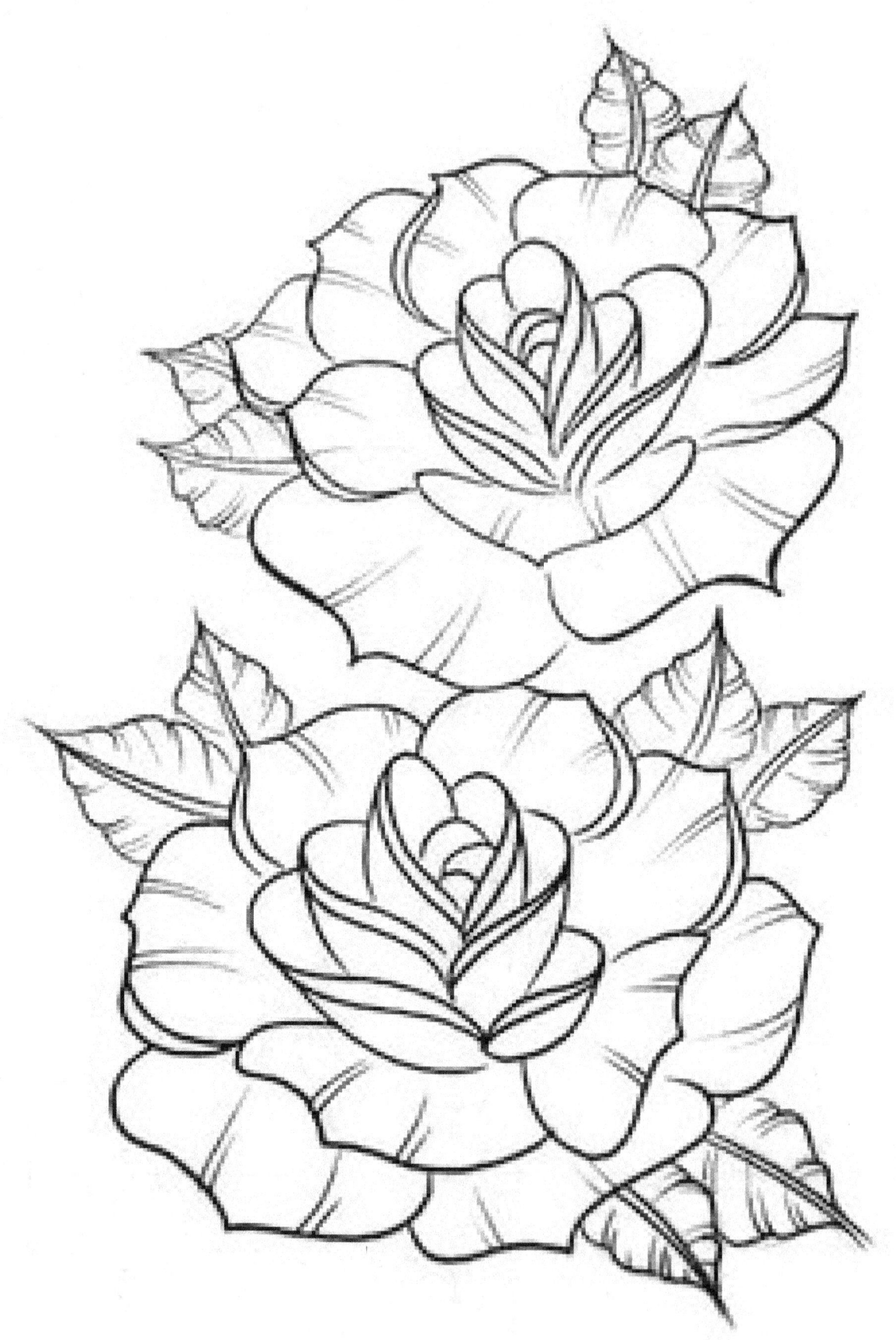

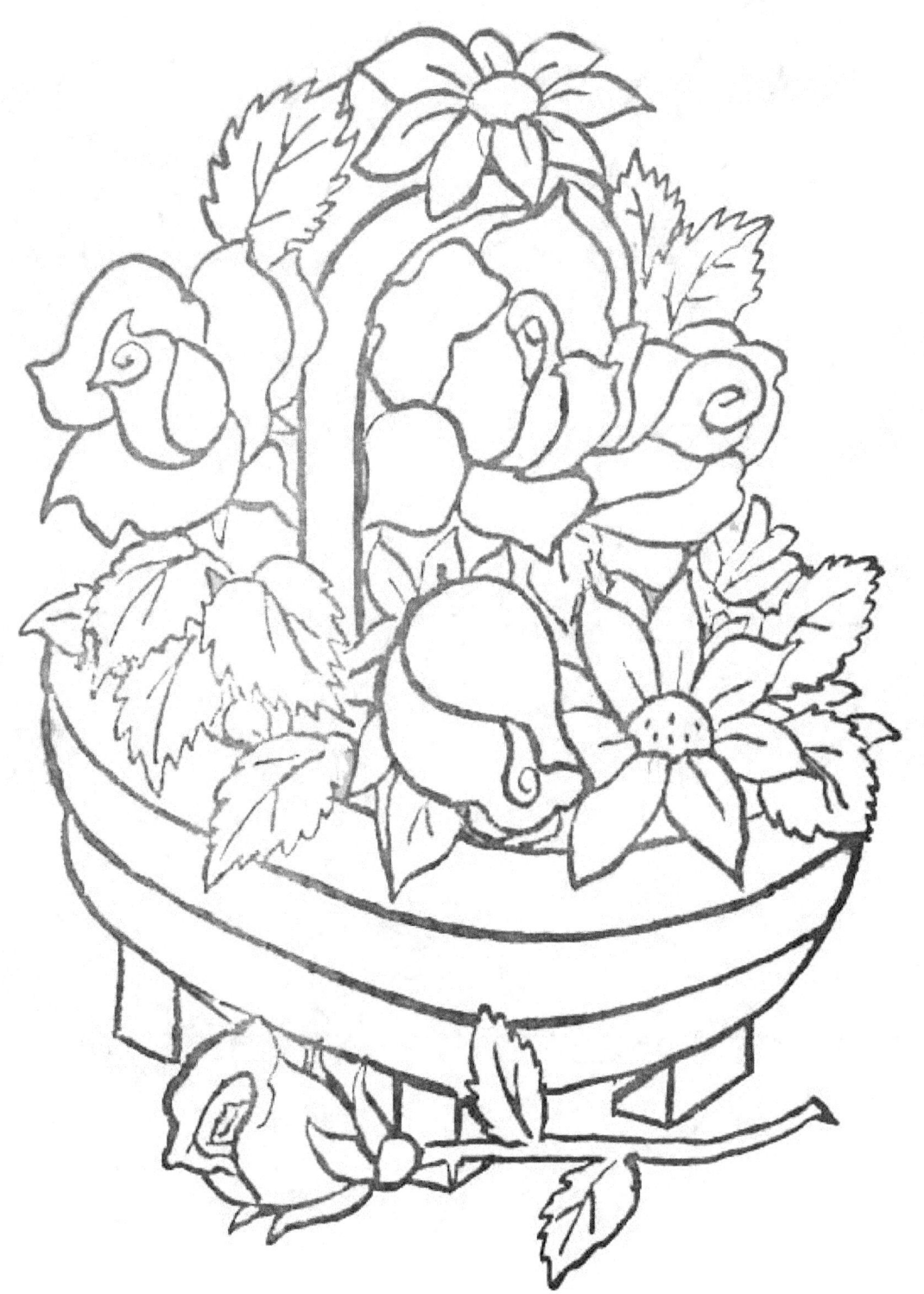

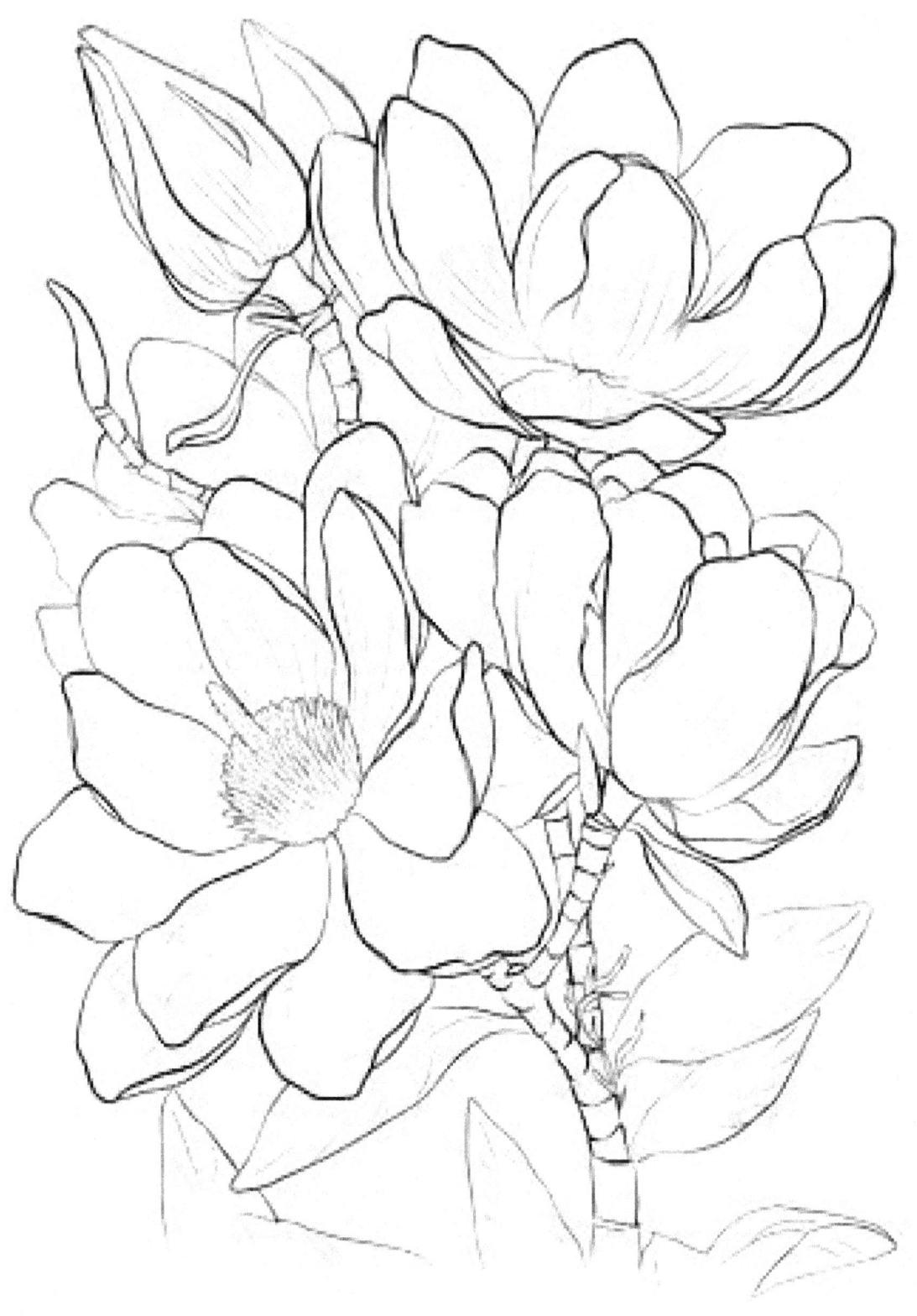

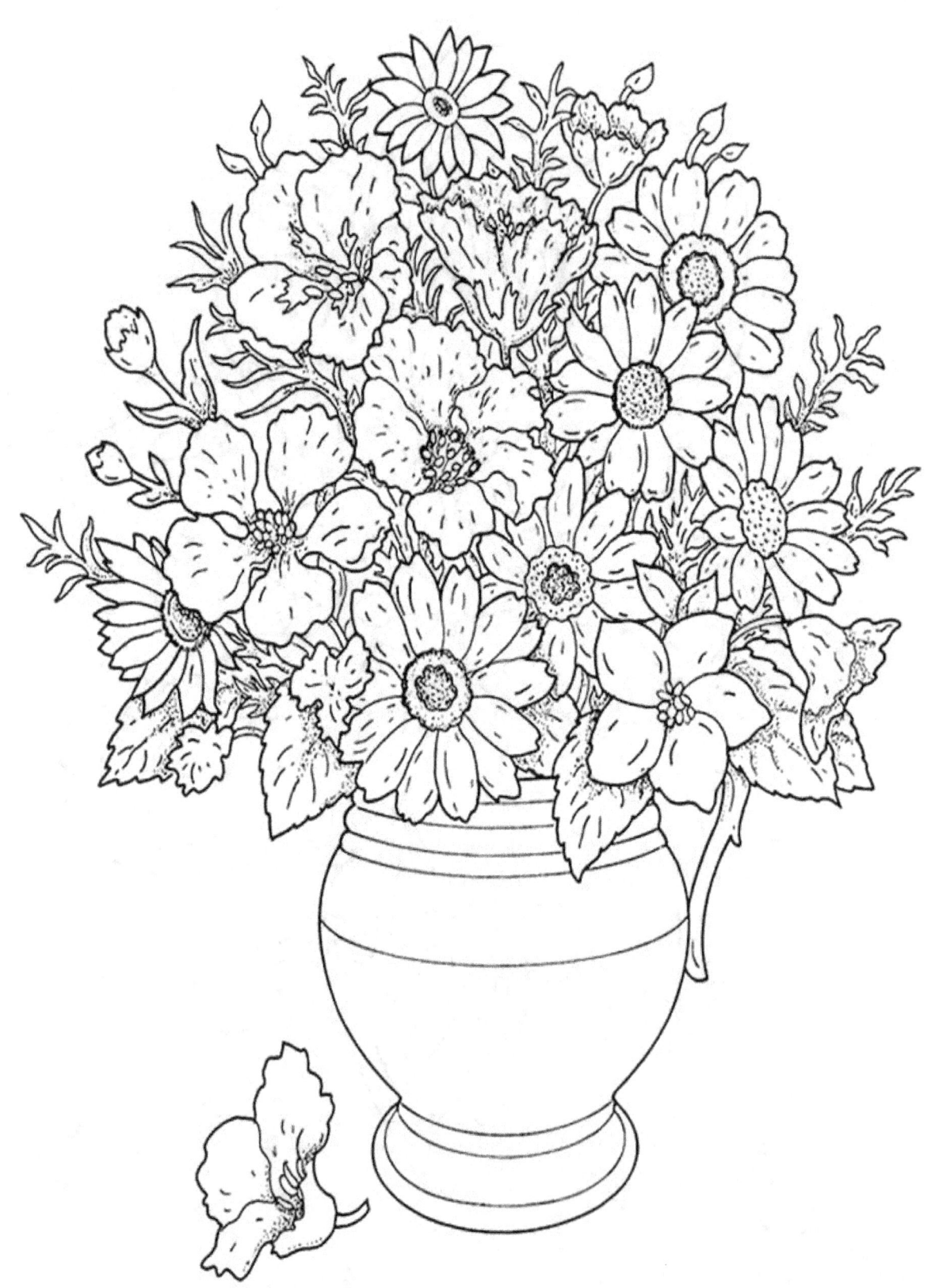

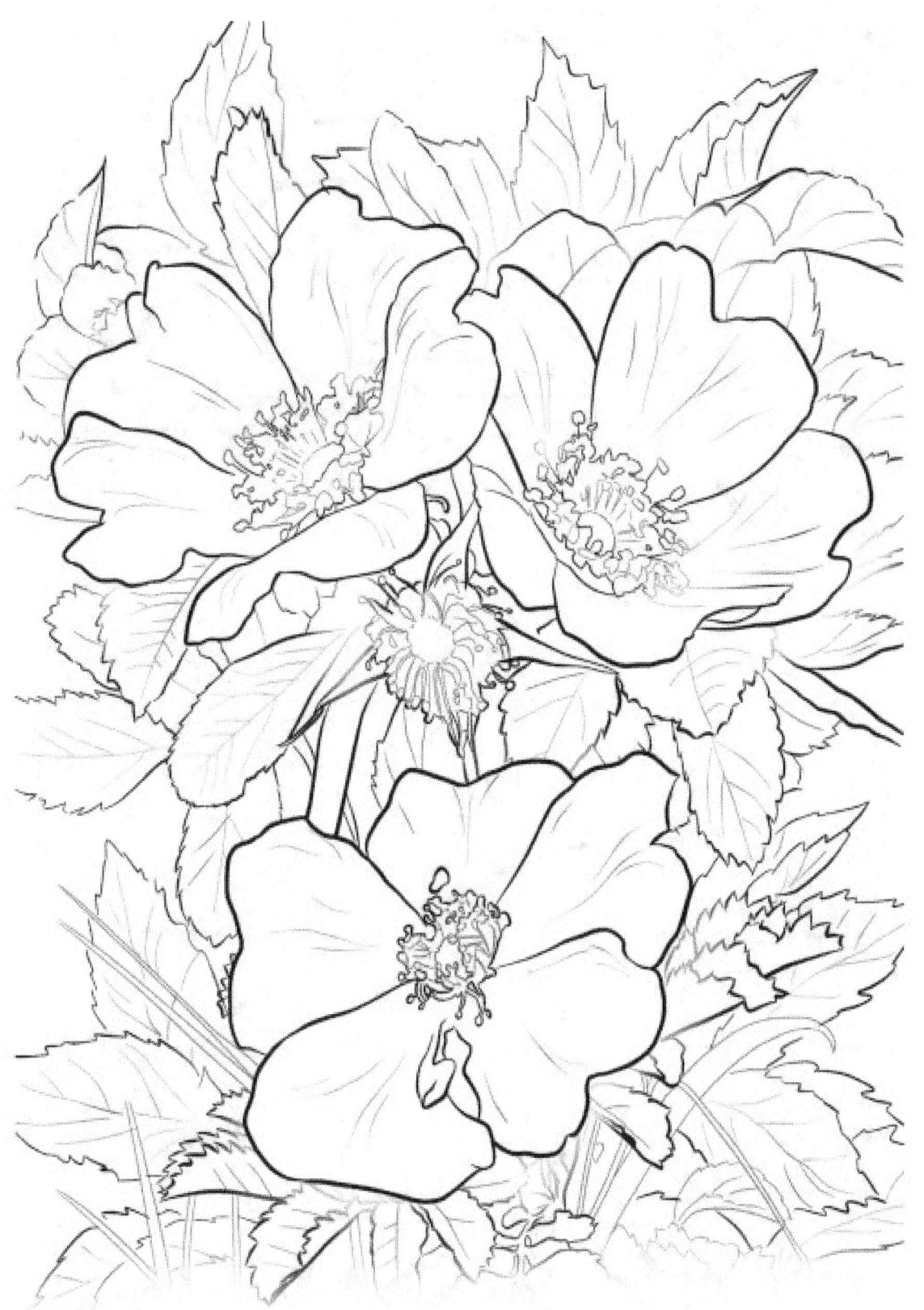

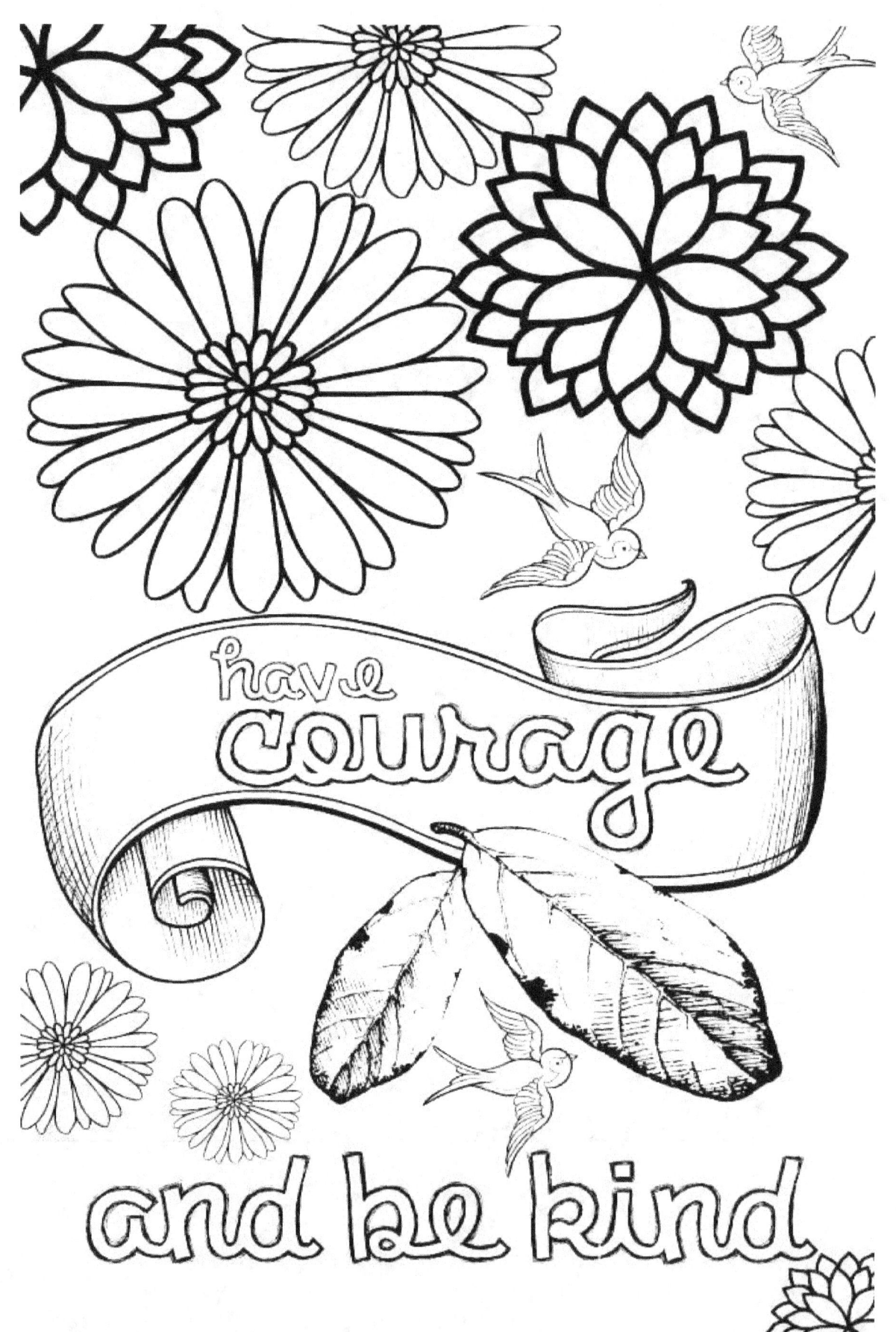